Prix des Conseillers Pédagogiques 1995

(Association Nationale
des Conseillers Pédagogiques)

Chiffon
ou
les peurs
d'un petit chien

Collection dirigée par
Régis DELPEUCH

1995 Editions SEDRAP
5 rue de Boudeville 31084 TOULOUSE cedex

Loi 49.956 du 16.07.1949
ISBN 2-84117-004-7 . ISSN 1257-9041

Vonny DUFOSSÉ

Chiffon
ou
les peurs
d'un petit chien

Illustrations de
Alain COMPANS

SEDRAP

Vonny DUFOSSÉ a exercé de nombreux métiers avant de devenir enseignante.
Conseillère pédagogique à Paris, elle est auteur d'ouvrages scolaires parmi lesquels Le Dictionnaire Actif de l'Ecole et le Bateau-Livre (Nathan), Le Dossier de l'Enseignant (Hachette).
Membre du Jury du Concours de la Nouvelle Revue Pédagogique, elle a écrit une série d'articles sur la publicité destinés aux collèges.
Ses passions sont multiples. Elle aime lire romans et poèmes, admirer les oeuvres d'art, assister à des spectacles, s'initier aux langues étrangères.
Mais surtout, elle continue à découvrir le monde. Ses marches nocturnes dans la jungle des Célèbes, les moments passés, il y a plus de 15 ans, avec les tribus du Triangle d'Or, son voyage sur la rivière des Perles jusqu'à Macao, ses séjours en Afghanistan, en Inde, en Birmanie, au Bélize, et dans bien d'autres pays l'entraînent à approfondir sans cesse sa connaissance des autres.
Et puis, ce qu'elle aime par dessus tout : partager le bonheur du rire et de l'amitié.

Alain COMPANS est né en 1967 à Toulouse. Très tôt passionné par le dessin, il oriente ses études vers les Arts Plastiques, pour aboutir aux Beaux Arts de Toulouse.
Après diverses réalisations (illustrations, peintures murales à Nantes, décorations de structures de jeux dans le Morbihan...), il pratique le maquettisme PAO et l'infographie dans un studio de création à Toulouse. Ce sont ses premières illustrations pour les Editions SEDRAP.

Chapitre 1

ERREUR SUR LA MARCHANDISE

Je crois savoir pourquoi on m'appelle "Chiffon".

C'est sûrement à cause du petit air froissé, fripé que me donnent mes poils blancs et frisés souvent en désordre. Pourtant, avec toutes les caresses que je reçois, je devrais être tout lisse, comme les tissus neufs bien repassés. Mais non, on dirait toujours que je me réveille et que l'on n'a pas brossé mon pelage.

Avec mes deux petites oreilles pointues que j'aime agiter dans tous les sens et mon museau arrondi, je n'ai vraiment pas la tête d'un chien méchant !

Cela fait le désespoir de Madame Calurge, ma maîtresse. On l'appelle "Madame" mais elle n'est pas mariée. Elle a tout juste trente ans. Quand on la voit de dos, on dirait une jeune fille à cause de sa taille fine et du noeud rouge qu'elle met parfois sur son chignon.

Quand elle m'a acheté, on lui avait assuré que je deviendrais très fort, très musclé. Une horrible bête avec un museau retroussé qui découvrirait de terribles dents longues, jaunes et pointues : voilà l'animal dont elle rêvait. Elle entendait déjà avec délice mes grognements épouvantables. Elle m'imaginait terrorisant les voleurs, les faux plombiers, les vrais brigands, bref tous les gens qui lui font peur.

Mais je suis resté tout petit, tout frisé et quand j'aboie on m'entend à peine. Au lieu d'une lanière de cuir hérissée de piques d'acier, il a fallu me mettre un collier pour chat en joli velours vert avec un mignon grelot et un tube cachant un ruban de papier sur lequel on peut lire :

> Nom : *Chiffon*
>
> Appartient à : *Madame Calorge - Gardienne*
>
> Adresse : *8 Rue du Port - Bâtiment B*
>
> *13000 MARSEILLE*

Voyant que je ne me décidais pas à devenir plus haut que trois pommes, euh ! disons quatre pommes, ma maîtresse s'en est retournée un jour chez le marchand de chiens.

Celui-ci n'a rien voulu savoir :

— "Pour une erreur, c'est une erreur ! Mais vous l'échanger, ça non ! Je ne suis pas responsable des bêtises de l'ancien vendeur ! Comment voulez-vous que je sache où il habite ? Il a pris sa retraite, il y a six mois !"

Madame Calurge est revenue furieuse. Ce jour-là, mieux valait ne pas aller dans sa loge. Elle roulait des yeux qui auraient fait peur même à un loup sanguinaire. Pourtant, elle a de très beaux yeux, tout bleus, mais quand elle se met en colère, ils deviennent presque noirs.

Moi, j'avais tout compris. J'essayais bien d'avaler double pâtée mais à chaque fois j'attrapais une indigestion.

Peine perdue ! Pour me soigner,

le vétérinaire conseillait la diète, c'est-à-dire que je ne devais rien manger jusqu'au lendemain.

Ma maîtresse a alors abandonné tout espoir d'héberger un monstre. Elle s'est habituée à m'avoir comme compagnon et moi, Chiffon, je me suis habitué à elle. D'ailleurs, depuis qu'elle vit avec moi, les locataires disent qu'elle est devenue plus douce. Je suis d'accord avec eux. Elle regarde moins les films policiers et davantage les émissions sur la vie des animaux. Un jour, Madame Valin, la locataire du dernier étage, a dû la consoler. Elle pleurait car elle me croyait perdu. En réalité, j'étais allé faire le fou dans le terrain vague avec une petite chienne au poil jaune et aux yeux noisette.
J'aime bien jouer !

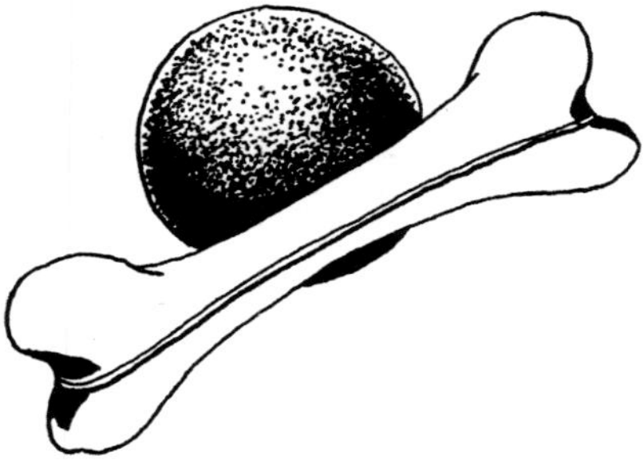

Chapitre 2

UNE VIE DE CHIEN

Nous habitons Rue du Port mais en vérité la mer est loin. Il faut que je dresse mes oreilles très haut pour entendre les sirènes des bateaux. Madame Calurge, elle, n'y fait pas attention ; mais moi cela me donne l'envie de partir en voyage et j'ai les pattes qui me démangent.

Remarquez, je comprends qu'elle n'a pas le temps de rêver. Gardienne n'est pas un métier de tout repos, surtout que notre immeuble a cinq étages et qu'il n'est plus tout neuf.

Elle doit sans cesse laver le sol, cirer les escaliers, nettoyer les tapis, faire briller les vitres de la porte d'entrée, arroser les plantes, surveiller les allées et venues, répondre à toutes sortes de questions au téléphone, s'occuper du courrier…

Heureusement, dès que je le peux, je l'aide. Je n'ai aucun mérite ! Ça m'amuse ! Par exemple, quand le facteur a une lettre urgente ou un papier à faire signer par un locataire, c'est moi qui monte patte à patte les étages. Je connais tous les noms et les appartements.

— "Chiffon, va prévenir Monsieur Olive !"

Je pars à toute vitesse et je vais gratter à la porte gauche du quatrième étage.

— "Merci Chiffon. Attends, j'enfile un pull et j'arrive."

Et Monsieur Olive et moi descendons ensemble par l'ascenseur.

A l'exception de Madame Camillot qui n'aime ni les enfants ni les chiens (il paraît que c'est parce qu'elle ne sait pas rire), tous les habitants de l'immeuble m'adorent. Moi aussi, je les aime beaucoup et je leur fais plein de chatouilles avec ma langue quand ils viennent me caresser ou me dire des mots gentils.

Pour le Nouvel An, la plupart des locataires offrent des étrennes à Madame Calurge. Il faut dire qu'elle rend souvent des services, sauf quand elle est de mauvaise humeur, ce qui lui arrive quelquefois, par exemple quand elle vient juste de nettoyer l'entrée et qu'il se met à pleuvoir.

Les étrennes consistent en une enveloppe avec de l'argent à l'intérieur ou en un bouquet de fleurs ou en une boîte de chocolats ou… mais en plus, il y a toujours plein de petits paquets entourés de papiers multicolores avec une étiquette :

Pour Chiffon

L'année dernière, j'ai reçu :

- un coussin avec mon nom cousu dessus,

- un os en caoutchouc pour jouer,

- un collier neuf avec des étoiles dorées,

CHIFFON

- un panier en osier en forme de berceau,
- un chat en peluche avec lequel je dors la nuit,
- une balle en mousse qui rebondit,

... et encore beaucoup d'autres gâteries.

Pour que je n'aie pas froid en hiver, Madame Raoul et sa fille Pilou m'ont tricoté un manteau de laine avec une cagoule percée de deux trous pour les oreilles.

Il a fallu me faire plusieurs essayages pour vérifier mes mesures. Il paraît que je suis superbe avec mon manteau; Madame Calurge est très fière de me promener.

Mais, assez bavardé, j'entends ma maîtresse m'appeler.

Chapitre 3

EN GARDE !

— "Chiffon ! Chiffon ! Ecoute bien ! Madame Levert est malade, la pauvre, elle a une grippe terrible. Comme elle est toute seule, je vais faire ses courses."

Voyons sa liste :

> C'est vraiment très gentil à vous, Madame Calurge, de vous occuper de moi.
> Voici ce dont j'ai besoin :
>
> 1 bifteck haché de 125 g
> 1 livre de pommes de terre
> 1 paquet de beurre
> 1 kg d'oranges
> et une baguette de pain
>
> Un grand merci
> Levert Marianne

— "Bon, j'en ai pour un moment. Je compte sur toi pour ouvrir la porte. Tu sais ce que je t'ai déjà dit ! Pas d'ÉTRANGERS dans la maison ! Les cheveux crépus et compagnie, je n'en veux pas ici !"

Quand ma maîtresse me parle ainsi, je baisse un peu les oreilles. Je ne peux pas m'empêcher d'être malheureux, mais je fais semblant d'être d'accord.

Pendant que Madame Calurge enfile sa veste, je grimpe sur le tabouret jaune placé contre le mur juste au-dessous du bouton qui commande l'ouverture de la porte de l'immeuble.

Je sais comment faire. Si quelqu'un sonne, je tends la patte et j'appuie très fort sur le bouton.

— "A tout à l'heure Chiffounet (c'est comme ça que Madame Calurge m'appelle parfois !). Tu as bien compris ?"

Oui, j'ai bien compris que ma maîtresse lit trop certains journaux où l'on raconte que tous les voleurs et les assassins sont d'horribles personnages qui ne parlent pas bien le français. Moi qui aimerais tant voyager pour rencontrer tous les hommes, les connaître et m'en faire des amis ! Mais ce n'est pas pour demain ! Même quand elle est en vacances, Madame Calurge ne quitte pas sa loge.

Elle dit qu'à Marseille on voit trop d'étrangers qui arrivent par bateaux et ne repartent plus chez eux. Elle dit aussi que ce n'est pas la peine de payer cher et d'aller loin pour être dépaysé.

Mais je suis sûr qu'elle ne veut pas s'aventurer dans d'autres pays car elle a peur.

Moi, j'ai beau être tout petit, je n'aurais pas peur. Je sais bien que la couleur de la peau ne veut pas dire qu'on est méchant ou gentil.

Mon meilleur copain, un grand chien noir, me parle souvent de Monsieur et Madame Azim qui sont Tunisiens. Je le rencontre quand

Madame Calurge me laisse me promener le long de la Rue du Port.

Malou, c'est le nom que Monsieur Azim lui a donné, me raconte plein de choses passionnantes sur le pays de ses maîtres.

Malou y est allé une fois. Ça a été un peu dur pour lui car il a voyagé plusieurs heures dans un gros avion. Mais après, que de découvertes !

D'abord, il a eu très chaud, puis il s'y est habitué. Pour trouver de l'ombre, il s'installait sous des palmiers et là, beaucoup de petits garçons tout bruns venaient le caresser. Il a même vu une fois des animaux immenses avec une énorme bosse sur le dos.

Quelle peur ! Pourtant ils sont passés devant lui sans l'ennuyer, très calmement. Pas chameaux, les dromadaires !!!

Ses maîtres ne mangent jamais de porc, mais ils cuisinent des plats délicieux. Quand la famille est rassasiée, Malou reçoit les restes du couscous : des morceaux de mouton, du poulet, des boulettes de viande. Il adore une graine qu'on nomme "la semoule". J'aimerais bien en manger. Peut-être que je grandirais !

La sonnette !

Il est temps que j'arrête de rêver. C'est Mademoiselle Dupuis qui veut rentrer. Je la connais bien. Elle habite au troisième étage. A travers la porte vitrée, ses cheveux blonds paraissent encore plus beaux que d'habitude. Vite, j'appuie sur le bouton. Ça y est, la porte s'ouvre.

— "Bonjour Chiffon. C'est toi qui es de garde aujourd'hui ?"

Elle parle fort pour que je l'entende derrière la fenêtre de la loge.

Avec Pilou, la petite fille de l'immeuble, et sa mère Madame Raoul, Mademoiselle Dupuis fait partie des locataires que je préfère.

Elle est professeur de grec et de latin dans un collège qui se trouve presque à côté de l'endroit où habite Malou. On l'appelle *le Collège des Tours* parce qu'il est près de très grands immeubles d'au moins vingt étages. Moi, je crois que j'aurais le vertige si je devais vivre si haut ! Mais peut-être que si l'on s'imagine en train de regarder la mer sur le pont d'un bateau, on se sent mieux, on croit entendre le bruit des va… des …

Qui est derrière la porte ?

Ce n'est pas le moment d'oublier mon travail de gardien !

Je n'ai jamais vu ce grand monsieur aux cheveux noirs très frisés, au visage brun et qui a une curieuse moustache qui rebique sur les côtés.

Un nouveau locataire ? Non, j'en suis sûr, personne n'a déménagé. Que fait-il à s'agiter comme ça derrière la porte ? Il doit chercher la sonnette. S'il la trouve, qu'est-ce que je fais, moi ? C'est un étranger, pas de doutes ! Ça y est, il m'a vu et il me lance un drôle de signe en remuant les doigts de sa main droite.

Je crois qu'il me dit bonjour. Je baisse un peu la tête. Je n'ose pas trop le regarder. J'ai besoin de réfléchir. Que faire ?

Cette fois, il allonge le bras vers la sonnette. Dring !

L'homme me sourit et ses moustaches se relèvent encore plus. Je ne peux pas m'empêcher de trouver

ça drôle. Je retrousse un peu mes babines.

Malgré ses yeux très doux, il a l'air de s'énerver.

Ah ! là ! là ! Que faire ? Que faire ?

Mon museau me démange. Ce n'est pas bon signe. Si Madame Calurge apprend que j'ai ouvert à un étranger, elle ne va pas être contente. Elle n'aura plus confiance en moi. Elle ne voudra peut-être plus me confier le rôle de gardien. Moi qui aime tant rendre ce service !

L'inconnu qui a dû comprendre que ses moustaches m'amusent, fait des petites grimaces et des signes incompréhensibles qui me font rire.

Tant pis ! Ma patte tremble un peu, mais j'appuie quand même sur le bouton.

Chapitre 4

PAS DANS SON ASSIETTE !

La porte s'ouvre. L'homme s'approche tout près de la loge. Si c'était un voleur ?

J'ai le coeur qui bat à toute vitesse. Ça fait un peu mal. Trop tard pour regretter ! Mais je crois que je viens de faire une bêtise !

Pourquoi ne suis-je pas grand et fort comme Malou ? Pourquoi est-ce que je ne peux pas aboyer ou grogner comme les énormes chiens et faire très peur ? Ou alors devenir invisible comme dans les films à la télévision ? Ou me transformer en dromadaire avec une grosse bosse ?

On frappe au carreau. A quelques centimètres de mon museau s'agite la grande moustache et j'entends une voix horriblement grave me crier :

— « EFGARISTO PARA POLI SKILAKI »

Vite, vite, je cours me réfugier dans la chambre de ma maîtresse. Ah ! si je l'avais écoutée ! Je n'en serais pas là !

Qui va me défendre, tout seul dans la loge ? A part Mademoiselle Dupuis et Madame Levert (peut-être aussi Madame Raoul ?) je ne sais pas qui est resté dans l'immeuble.

De la chambre de Madame Calurge, je ne vois plus l'entrée.

Je dois retourner sur mon tabouret. Je ne peux pas m'arrêter de trembler mais je ne vais pas me cacher comme une souris ! Je risque le tout pour le tout.

Si l'inconnu pénètre dans la loge, je défendrai la maison jusqu'au bout. Je le vois qui se penche pour regarder la liste des locataires clouée sur le mur, près des boîtes à lettres. On dirait qu'il a du mal à lire. Ses lèvres remuent d'une drôle de façon.

Soudain, il se met de nouveau à hurler en me regardant :

— « TI KANEIS ?
KALA ? »

Puis il entre dans l'ascenseur et disparaît.

J'ai beau aboyer, de ma gorge ne sortent que de minuscules couinements comme ceux d'un chat malade.

Pour gaffer, j'ai bien gaffé ! Qu'est-ce que l'étranger tenait de la main gauche ? Un long paquet recouvert de tissu ? Et si c'était ? Si c'était…

Madame Levert, qui est malade, ne pourra pas se défendre et Mademoiselle Dupuis qui doit se marier dans deux semaines et… et… Pourvu que Pilou, mon amie du second, ne soit pas chez elle !

Quelle bêtise j'ai faite ! Quelle bêtise !

On sonne à la porte. C'est ma maîtresse. Ah ! là ! là ! Quand elle saura ! Elle me mettra à la fourrière comme les pauvres bêtes abandonnées.

— "Regarde, Chiffounet, ce que je t'ai rapporté : des foies de poulets cuits."

J'adore ça. Mais pour l'instant, je n'ai pas faim, pas du tout !

— "Tu as ouvert à quelqu'un ?"

Je réponds négativement en remuant tout doucement mes oreilles.
— "Hum ! Tu me caches quelque chose, toi ! J'espère que tu n'as pas fait de sottises !"

Moi aussi, je le souhaite. Vraiment, la vie n'est pas si facile ! Je sais bien qu'on ne peut pas avoir confiance en tout le monde. Généralement, j'ai plutôt un bon flair. Et cet étranger, de loin, n'avait pas l'air d'un mauvais homme. C'est quand il s'est mis à crier des mots incompréhensibles que j'ai commencé à me demander si j'avais bien fait.

D'habitude, je sais tout de suite à qui j'ai affaire. Je me souviens de Monsieur Decomté, toujours habillé avec un costume sombre et une cravate rayée. Madame Calurge ne cessait de me répéter :

— "Ah ! si tous les locataires ressemblaient à Monsieur Decomté !"

Elle était toujours aimable et souriante avec lui. Alors que moi ! Je ne pouvais m'empêcher d'aboyer (si l'on peut parler d'aboiements !) quand je le voyais. Je ne l'aimais vraiment pas. Je ne comprenais pas pourquoi mais c'était plus fort que moi.

J'ai été le seul à ne pas être étonné

lorsqu'on a appris que Monsieur Decomté avait des ennuis avec la justice. Il avait fourni à des malfaiteurs les codes qui servaient à ouvrir les coffres de la banque dans laquelle il travaillait.

Quelle histoire ! Tous les habitants de l'immeuble en avaient été retournés. Madame Calurge s'était enfermée dans sa loge pendant deux jours ; je l'entendais marmonner :

— "Quelle honte ! Un monsieur si bien ! Un Français !"

Moi, je ne voyais pas pourquoi c'était important qu'il soit Français. Je pensais qu'un homme malhonnête, ce qu'on doit lui reprocher c'est d'être malhonnête.

Madame Calurge ne décolérait pas :

— "Un Français !"

Puis tout s'était calmé. On ne savait pas ce qu'était devenu Monsieur Decomté, mais son appartement avait été loué à un nouveau locataire.

— "Chiffon, je vais porter les provisions chez Madame Levert. Après, je te donne à manger."

Ah! là ! là ! Comment faire, comment faire pour lui montrer qu'il ne faut pas qu'elle monte ?

J'ai beau me coller contre ses jambes et lui mordiller ses chaussures, elle ne semble pas comprendre.

— "Mais qu'est-ce que tu as aujourd'hui ? Tu n'as pas l'air dans ton assiette. File dans ton panier ! Je n'ai pas le temps de jouer, moi."

La voilà partie. Comme je voudrais pouvoir parler !

J'ai ouvert la porte à un drôle d'individu, avec un paquet bizarre. On aurait dit que, que… Non, je n'ose pas y croire. J'aime bien ma maîtresse. S'il lui arrivait un malheur ! En plus, elle ne revient pas ! Elle en met du temps...

Le bruit de l'ascenseur. Ouf ! C'est elle ! C'est elle ! Madame Calurge !

Je ne peux pas m'arrêter de sauter, de tourner, de lui lécher les mains. Elle doit me croire un peu fou !

— "On dirait que tu as faim, toi, dis-donc !"

Oh ! oui, j'ai faim ! Je suis tellement heureux qu'il ne lui soit rien arrivé que je me jette sur mon assiette bien remplie. Je ne me suis jamais autant régalé en avalant ma viande. Pendant ce temps, ma maîtresse fait réchauffer une pizza toute fraîche qu'elle vient d'acheter. Ça sent bon.

Toutes mes angoisses sont oubliées. Je n'ai plus qu'à m'installer confortablement dans mon panier pour faire une petite sieste.

Chapitre 5

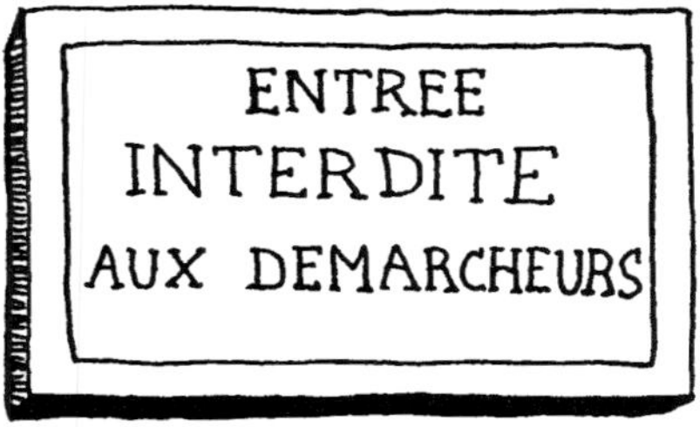

MERCI PILOU

Madame Calurge vient juste de terminer son repas. Devant la loge, passent Madame Raoul et sa fille Pilou suivies d'un grand bonhomme à l'air bizarre.

A peine réveillé, je reconnais l'étranger. Les ennuis vont commencer. Je me fais encore plus petit.

— "Qui c'est celui-là ? Je ne l'ai jamais vu. Qu'est-ce qu'il fait avec les locataires du deuxième ? Mais c'est un étranger ! Ah ! Non ! Pas d'histoires chez moi ! Pas d'histoires !"

Madame Calurge me regarde comme si je m'étais transformé en un chien hideux avec des crocs abominables.

En quelques secondes, elle retrouve son vieux rêve : avoir pour compagnon une espèce de loup dressé pour mordre et terrifier.

Rien à faire. Elle baisse les yeux à nouveau et moi je me sens encore plus minuscule.

La voilà qui sort comme une folle de sa loge. Dans sa précipitation, elle a failli marcher sur une de mes pattes.

— "Bonjour Madame Calurge", disent ensemble Pilou et sa mère. "Quel beau temps, aujourd'hui !"

— "Oui, oui, il fait même trop

chaud ! Vous savez qu'on n'accepte pas de démarcheurs ici !"

"Démarcheur", c'est un nom qui est écrit sur une plaque à l'entrée de l'immeuble. Je ne sais pas très bien ce que ça signifie mais ce que je sais c'est qu'ils sont interdits, qu'ils doivent rester dehors.

— "Pourquoi nous dites-vous cela, Madame Calurge ?" répondent étonnées Madame Raoul et Pilou.

— "Ben, euh ! C'est-à-dire, c'est à cause de ce Monsieur qui est, qui est derrière vous."

Les deux locataires se retournent.

Le monsieur en question ne semble pas s'apercevoir qu'on parle de lui. Il me regarde comme si j'étais son complice et soudain il se met à parler très fort, en me fixant :

— « TI KANEIS ? KALA ? »

— "Ah !", s'écrie ma maîtresse. Je savais bien qu'il n'était pas Français. C'est vous qui lui avez ouvert la porte ?"

Pilou me regarde. Elle a remarqué que j'avais les oreilles basses. Elle a compris. Très vite, elle réplique :

— "Oui, c'est moi, Madame Calurge."

— "Mais, ce matin, tu n'es pas sor..."

Madame Raoul a failli dire "sortie" mais elle a jeté un coup d'oeil discret dans ma direction. Elle aussi a compris !

— "C'est Pilou, en effet, qui a ouvert à ce Monsieur, Madame Calurge."

Ma maîtresse pousse un gros soupir.

— "Mais enfin, Madame Raoul, vous rendez-vous compte ?

Votre fille ouvre à n'importe qui ! Elle aurait dû voir que cet individu est un étranger. Vous avez entendu ce qu'il a dit ? On n'y comprend rien."

Discrètement, le grand monsieur s'est glissé dans l'entrée de la loge. Il appuie sur le bouton qui ouvre la porte et quitte l'immeuble.

— "Hé !", crie Madame Calurge. Mais il est trop tard. Il a déjà disparu au coin de la rue.

— "Ah ! Tu as fait du beau travail, ma petite ! Bravo !"

Pilou ne répond pas. Elle est occupée à me caresser et moi je n'en finis pas de lui lécher les mains pour la remercier et lui dire que je l'aime beaucoup.

Madame Raoul semble ennuyée.

— "Excusez-nous, Madame Calurge, mais nous sommes pressées.

J'accompagne Pilou à son cours de danse."

Elle s'enfuient toutes les deux avec un air un peu honteux.

Je ne sais plus ce que je dois croire. J'ai vu nettement l'étranger m'adresser un clin d'oeil et relever ses moustaches pour m'amuser. Je ne peux pas m'empêcher de trouver qu'il a une mine sympathique.

Heureusement que ma maîtresse ne peut pas lire dans mes pensées !

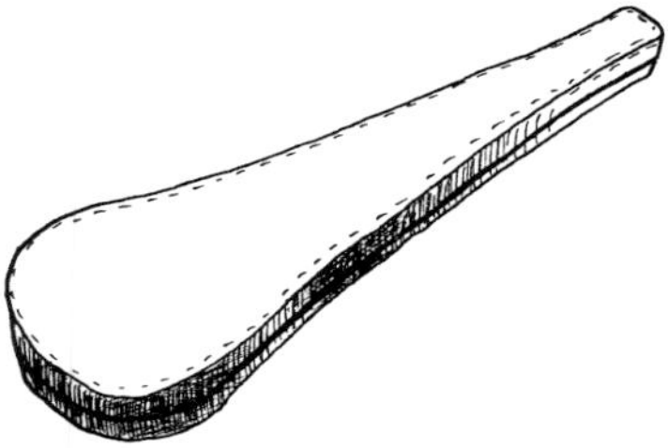

Chapitre 6

DU POIL AUX OREILLES

Ça fait bien vingt minutes que Madame Calurge, armée d'un seau, d'un balai et d'une serpillière, nettoie l'entrée et la cage d'escalier dans tous les sens. Oui ! Vingt bonnes minutes ! Depuis que l'étranger a traversé le hall !

On dirait qu'elle procède à une désinfection complète, comme si l'immeuble était atteint d'une maladie contagieuse. Je la connais bien ! Quand elle s'active plus que nécessaire, qu'elle pince les lèvres et que l'extrémité de son nez devient rouge, il ne faut plus bouger et attendre qu'elle se calme.

Aussi, je me suis allongé prudemment dans mon panier : pas le moment d'aller poser mes pattes sur le carrelage !

Ouf ! La voilà qui commence à marmonner. C'est bon signe ! Elle est déjà un peu moins en colère. La porte du local à balais claque. Elle a fini. Elle s'approche de moi et je l'entends dire toutes sortes de choses pas très gentilles dont :

— "Elever si mal une enfant ! Faire entrer un je ne sais quoi dans la maison ! Un voleur, un bon à rien ! Ah ! Il a vite fait de disparaître. Ni vu, ni connu !"

C'est vrai ça, pourquoi le monsieur est-il parti si rapidement ? Moi aussi je trouve ça bizarre. Et Mademoiselle Dupuis qui est sortie en courant, en sautant au-dessus du carrelage encore mouillé, elle qui est toujours si calme, si tranquille ?

Aujourd'hui, rien ne va plus et tout ça parce que, parce que… Est-ce que j'ai fait une bêtise ? Enfin, il y a plus de peur que de mal !

Quand même je digère avec difficulté mon plat favori ! Je ne me sens pas à l'aise. Madame Calurge non plus. C'est la première fois depuis longtemps qu'au lieu de suivre la vie des animaux, elle s'est installée devant la télévision pour regarder un horrible film policier.

Moi, je ferme les yeux dès que j'aperçois des pistolets et du sang. Je n'aime que les jolies histoires. Ça ne me plaît pas de voir des voitures qui flambent parce qu'on les a fait tomber du haut d'un précipice ou des policiers qui se battent entre eux et des gangsters qui tuent leurs voisins.

A Madame Calurge non plus, ça ne fait pas de bien. Après, elle a le regard vide. Elle ne rit plus. Elle prend des cachets parce qu'elle a mal à la tête et elle ne m'appelle plus *Chiffounet*, mais *le chien* tout court.

On sonne. Ma maîtresse fixe la porte. Elle ne dit pas un mot. C'est comme si elle était paralysée. De l'autre côté de la vitre, se trouvent Mademoiselle Dupuis, un peu pâle, et juste derrière elle… l'étranger. Je vois sa tête au-dessus du visage du professeur de latin et de grec.

Comme ses moustaches dépassent, on dirait que Mademoiselle Dupuis a du poil qui sort de ses deux oreilles. C'est horrible !

Mais le plus affreux, c'est que l'inconnu tient dans ses bras un étui renflé à la base et pointu à son extrémité. Le bout pointu touche le dos de Mademoiselle Dupuis.

Je crois que je vais m'évanouir. Un fusil, c'est bien ce que je craignais ! Madame Calurge aussi l'a vu. Elle ouvre la bouche mais aucun son ne sort. Elle me prend dans ses bras et je sens qu'elle tremble de tous ses membres.

— "Ouvrez, Madame Calurge, ouvrez !", crie Mademoiselle Dupuis à travers la porte.

Je suis sûr que ma maîtresse pense comme moi : "Mon Dieu, il va la tuer !"

Sous le coup de l'émotion, elle

me lâche pour appuyer sur le bouton qui commande l'ouverture de la porte. Je me retrouve à terre, tout étourdi.

Mademoiselle Dupuis avance. L'étranger pointe toujours son arme contre le dos de la pauvre locataire. Madame Calurge n'ose pas faire un pas.

Je l'entends murmurer :

"Mademoiselle Du, Mademoiselle Dupuis", mais celle-ci passe toute droite en me faisant un petit sourire.

Comme elle est courageuse ! Je voudrais la défendre mais ma maîtresse m'en empêche.

— "Ne bouge pas Chiffon. Surtout ne bouge pas."

Mademoiselle Dupuis s'est engouffrée dans l'ascenseur. L'homme aussi. Plus personne. Je deviens comme fou. Que faire ? Que faire ?

Tout cela est de ma faute. Si je n'avais pas ouvert à l'inconnu, rien ne serait arrivé. Il a dû repérer l'appartement de Mademoiselle Dupuis, la guetter et enfin la forcer à revenir avec lui.

Je m'attends à tout moment à entendre un coup de feu. Si un malheur arrive, je ne me le pardonnerai pas. Ce serait trop affreux ! Finies les promenades avec Malou, finies les escapades avec la petite chienne à poil jaune.

Je n'aurai plus qu'à me laisser mourir.

Madame Calurge, elle, s'est ressaisie. Elle agrippe le téléphone. J'entends des morceaux de phrases :

— "Oui, 8 Rue du Port, bâtiment B… Un grand brun avec de grosses moustaches… Cheveux frisés… Mademoiselle Dupuis... Elle devait se marier dans deux semaines... Faites vite... Non... Il est tout seul. Oui... Un fusil..."

Madame Calurge a reposé l'appareil. Elle n'a plus le bout du nez rouge. Son visage est affreusement blanc et elle tord ses mains comme si elles étaient remplies de puces.

Moi, j'ai tous les poils hérissés et je sens que mes pattes ont du mal à me soutenir. Ma maîtresse a éteint la télévision. Elle a aussi fermé la porte de la loge à double tour.

Chapitre 7

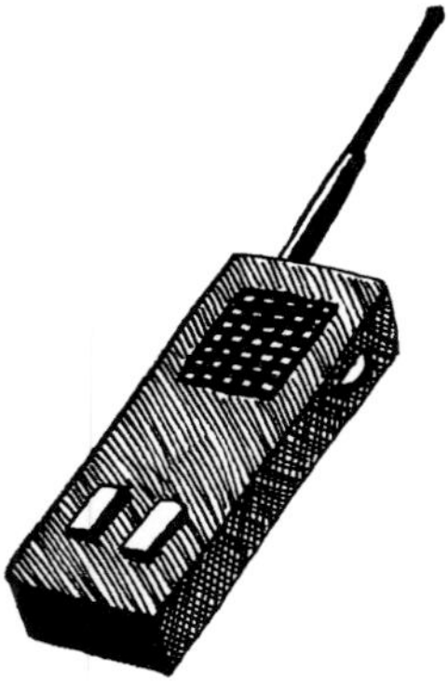

ELISABETH, VITE !

Soudain, comme dans les feuilletons, un bruit infernal traverse mes oreilles : la sirène d'une voiture de police. Madame Calurge ouvre la porte de l'immeuble et sort de la loge en me recommandant de ne pas bouger. Mais moi aussi je veux voir ce qui se passe. Je suis responsable après tout !

Cinq policiers sont là. Ils n'ont pas l'air très rassurés. Il y en a un qui tient un drôle d'appareil. Il parle devant.

— "Nous allons monter. Tenez-vous prêts à mon signal. 3ème étage."

Madame Calurge veut les suivre mais un des agents l'écarte :

— "Voyons, Madame, vous n'y pensez pas ! C'est notre métier de risquer notre vie. Pas le vôtre !"

Trois policiers ont pris l'ascenseur et deux montent en courant les escaliers. J'entends des portes qui s'ouvrent et les cris des policiers :

— "Ne bougez pas. Enfermez-vous chez vous."

Le téléphone n'arrête pas de sonner dans la loge. Chacun veut savoir ce qui se passe. Madame Calurge est en sueur maintenant, de grosses gouttent tombent de son front. Puis plus rien. Aucun bruit.

Je revois tout dans ma tête, comme au cinéma :

— "TI KANEIS ? KALA ?"

L'étranger qui me lance un signe d'amitié et qui me fait rire avec sa moustache, Pilou qui va être accusée injustement, sa mère qu'on jettera peut-être en prison, Mademoiselle Dupuis blessée ou…

Je pousse des petits cris et pour la première fois de ma vie, je pleure tout doucement. Ma maîtresse me caresse la tête. Hélas, cela ne peut pas me consoler.

Mais que se passe-t-il ?

Dans mes oreilles résonne soudain le son d'une musique très belle comme je n'en ai jamais entendue. Je crois que je deviens fou de tristesse. Je n'ai même plus l'envie de remuer.

— "Elisabeth, montez vite, on vous attend au troisième étage."

C'est Monsieur Paulet, le locataire du premier, qui appelle ma maîtresse. Elisabeth ! Pour la première fois, j'entends son prénom. Qu'il est joli ! Marseille est une grande ville et la gardienne ne connaît personne à part les locataires et les commerçants qui lui disent tous *Madame Calurge*. Comme je ne sais pas lire, je n'ai jamais deviné que c'était ce mot-là qui était écrit sur les cartes postales qu'elle me montre parfois en me disant que sa famille ne l'oublie pas. Pour la première fois aussi, Monsieur Paulet s'adresse ainsi à elle. Il travaille à la poste. J'ai remarqué qu'il rougissait toujours en passant devant Madame Calurge (je n'ai pas encore l'habitude de dire *Elisabeth*). Il est célibataire comme ma maîtresse et je crois qu'il l'aime.

— "Vite Elisabeth. Faites vite !"

Chapitre 8

DRÔLE DE FUSIL !

— "Mon Dieu, Henri, pourvu qu'ils aient pu l'arrêter !"

Madame Calurge aussi a appelé Monsieur Paulet par son prénom. Sûrement à cause de l'émotion ! "Quel malheur ! Dans notre immeuble ! Et cette pauvre Mademoiselle Dupuis ! Comment est-elle ? J'espère qu'il n'a pas eu le temps de lui faire du mal !"

— "Tssit ! Tssit ! Ce n'est pas le malheur qui vous attend là-haut, Elisabeth, mais une jolie surprise !"

Monsieur Paulet, *Henri,* a un air très mystérieux et en parlant, un grand sourire éclaire son visage.

— "Pressons, pressons. On nous attend là-haut ! Qu'est-ce que tu fais, Chiffounet ? Dans mes bras, ça ira plus vite."

Elisabeth ne sait plus quoi penser. Malgré mon angoisse, cela me fait plaisir de dire *Elisabeth* pour parler de ma maîtresse. J'ai encore plein de larmes dans les yeux, ce qui me donne l'impression d'être dans le brouillard. Dans l'ascenseur, je renifle contre la poitrine toute chaude de Monsieur Paulet.

Dans ma tête, la musique résonne de plus en plus fort. Je ne sais plus du tout ce qui m'arrive.

C'est comme le jour où en jouant avec Malou, je m'étais cogné contre un réverbère. J'avais vu plein d'étoiles. Elisabeth m'avait posé un gros pansement entre les oreilles et j'étais resté couché une journée entière, tant je me sentais faible.

Arrivé au troisième étage, j'ouvre tout grands les yeux. Est-ce que je suis devenu vraiment fou ?

La porte de l'appartement de Mademoiselle Dupuis est ouverte. C'est de là que vient la musique envoûtante. La plupart des locataires sont présents, un peu serrés car il n'y a pas beaucoup de place.

J'aperçois Monsieur Olive avec sa femme, Madame Valin, Madame

Camillot, celle qui n'aime personne, Madame Levert qui n'arrête pas d'éternuer et qui s'est entourée la tête d'un immense châle, Monsieur et Madame Antonni, ceux qui ont trois chats et même Pilou et sa maman que personne n'a vu rentrer, les policiers et… Cela fait beaucoup de monde.

J'entends un grésillement et la voix de l'agent de police devant son talkie-walkie :

— "Renforts inutiles. Nous réglons le problème. Serons de retour dès que possible."

Monsieur Paulet m'a posé sur le sol mais je ne vois rien du tout. La musique a cessé. Des chaussures autour de moi s'agitent. Soudain, je me sens enlevé dans les airs. Deux grandes moustaches me chatouillent. Ma tête tourne quand j'entends :

— « TI KANEIS ? KALA ? »

Puis on me repose sur un canapé. De là, je découvre Mademoiselle Dupuis, toute rouge, qui s'arrête de rire pour expliquer aux gens qui l'entourent :

"Ça veut dire : Comment tu vas ? Bien ?"

Elle prend un carnet où elle note d'habitude ses listes de commissions et elle écrit :

Τι κάνεις;

καλά;

— "En lettres minuscules, ça s'écrit comme cela en grec."

— "Comme c'est joli !", s'exclament les locataires."

— "Et comment dit-on *Merci beaucoup* ?, demande Pilou."

Moi, qui ai tout compris, je voudrais pouvoir répondre :

EFGARISTO PARA POLI, c'est bien ça que m'avait crié l'étranger quand je lui avais ouvert la porte.

— "Efgaristo para poli", chante presque Mademoiselle Dupuis et elle inscrit :

Ευχαριστώ
παρά πολύ

Tous les habitants répètent "Efgaristo", même ma maîtresse (euh ! Elisabeth !) dont les yeux brillent.

Même le policier face à son talkie-walkie : *Efgaristo.*

On entend un sifflement bizarre, une voix qui hurle :

— "Quoi ? Je comprends mal ! Le suspect s'appelle Ef… Ef… Répétez."

Mais le policier éteint son

appareil, prend un drôle d'objet qui ressemble à une petite louche et aide Mademoiselle Dupuis à remplir des tasses.

— "C'est du café grec. Avant de le boire, il faut attendre que le marc descende au fond de la tasse", commente Monsieur Olive qui a passé ses dernières vacances à Athènes.

Tout le monde s'installe en rond autour du canapé où l'on m'a déposé. Une grande main me caresse la tête. Je suis heureux et tout excité de constater que Mademoiselle Dupuis se porte à merveille. J'ai séché mes larmes avec ma langue et je vois, je vois, assis à côté de moi, l'étranger avec ses cheveux frisés, ses yeux doux, ses moustaches qui frémissent.

Mademoiselle Dupuis explique :

— "Je vous présente Vassilis, mon

fiancé. Nous nous sommes connus en Grèce. C'est là-bas que nous allons nous marier, dans son pays qui deviendra un peu le mien. La France aussi deviendra un peu le pays de Vassilis. C'est cela qui est merveilleux."

Je regarde Elisabeth. Elle penche légèrement la tête. Je crois deviner qu'elle est un peu honteuse d'avoir si mal accueilli Vassilis. Je suis sûr qu'elle n'achètera plus les horribles journaux qui lui font croire que les étrangers sont des voleurs et des assassins.

Mon ami grec tourne son visage vers moi et dit très fort :

— "Kai ligo néro ya to skilaki."

— "Et un peu d'eau pour le petit chien", traduit Mademoiselle Dupuis.

Pilou m'apporte une soucoupe

avec de l'eau fraîche. Après toutes ces émotions, c'est vrai que j'ai soif.

Les policiers, les locataires et Elisabeth boivent tous leur café en mangeant des petits gâteaux qui viennent de Grèce, *des courabies*. Ça semble très bon mais je n'aime pas les gâteaux.

Vassilis et Mademoiselle Dupuis se tiennent par la main. Ils ont l'air très émus et comme ils s'embrassent, j'ai à nouveau l'impression que des poils poussent dans les oreilles du professeur.

— "BON VOYAGE EN GRÈCE ! HEUREUX MARIAGE !", crie l'assemblée.

Moi, je pousse des petits aboiements pour dire la même chose.

Mais voilà que Vassilis passe derrière le canapé. Il se penche, attrape une longue boîte. Mon Dieu !

L'é, l'ét..., l'étui ! C'est l'étui avec lequel il menaçait Mademoiselle Dupuis. L'étui à fusil !! Je n'y comprends plus rien. Je me précipite entre les jambes de ma maîtresse. Pendant ce temps, Vassilis a ouvert la boîte et en sort un instrument curieux, tout rond, renflé à une extrémité et long à l'autre bout, avec des cordes et de magnifiques dessins incrustés sur le bois.

UN INSTRUMENT DE MUSIQUE !

Voilà ce qu'Elisabeth et moi avions pris pour UN FUSIL !

Tous demandent :

— "Oui, oui, jouez-nous encore du bouzouki."

Vassilis appuie sur les cordes. C'est très doux d'abord puis plus fort. Les notes s'envolent, s'envolent.

Je reconnais la mélodie que j'avais

entendue quand j'étais si triste et si désespéré.

J'ai l'impression d'être au bord de la plage où Elisabeth m'emmène quelquefois le dimanche quand le gazouillis des oiseaux mêlé au chant des vagues m'étourdit.

On pousse la table et les chaises contre les murs. Que va-t-il se passer ? Je vais de surprise en surprise. Je vois soudain Monsieur Paulet qui n'a plus l'air timide du tout prendre la taille d'Elisabeth. Les voilà qui se mettent à danser. Vassilis joue, joue. Ses yeux pétillent. On croirait que sa moustache danse aussi.

Je n'ai jamais vu Elisabeth sauter comme ça. Elle me regarde et me fait un petit baiser de loin. Je suis rassuré. Elle pense quand même à moi.

Un des policiers s'écrie :

— "Nom d'un chien !" (Ce n'est

pas la première fois que j'entends cette expression. Je la trouve vraiment bizarre !) — "On est en service mais le règlement n'interdit pas de danser que je sache !"

Et hop, il invite Madame Camillot que je vois rire pour la première fois. Moi aussi je voudrais bien boire du café grec, car j'ai l'impression (mais je ne sais pas si c'est le café ou la musique) que ça change les gens. Quand j'écoute Vassilis, je pense que c'est plutôt sa musique qui réchauffe les coeurs.

Comment comprendre autrement que Madame Camillot m'ait gratté la tête, à moi, Chiffon ? Elle, qui ne me regarde jamais d'habitude, vient même de m'adresser un clin d'oeil.

Un autre policier danse avec Madame Levert dont le châle est tombé. Elle n'arrête pas d'envoyer des postillons sur le nez de l'agent qui commence lui aussi à éternuer.

Que la vie est belle ! Je n'aurai pas assez d'un après-midi pour tout raconter à Malou.

Tout le monde danse sauf Mademoiselle Dupuis qui a appuyé sa tête sur l'épaule de Vassilis. A force de tourner, Elisabeth est un peu dépeignée et la barrette qui retient son chignon tombe à terre.

Monsieur Paulet s'arrête en pleine danse. Il fixe, émerveillé, les longs cheveux bruns. Je l'entends murmurer : "Comme cela vous va bien !"

Je suis d'accord avec lui. Depuis longtemps, j'essayais de faire comprendre à ma maîtresse qu'elle est beaucoup plus jolie le soir quand elle retire pinces et barrette.

Je fais des petits bonds à côté de Vassilis. Je ne peux pas être plus heureux. J'ai dans l'idée que je vais avoir aussi un maître et comme j'aime bien Monsieur Paulet, je suis comblé.

Pilou s'approche de moi :

— "M'accordes-tu cette danse, Chiffon ?"

Je me tiens sur mes deux pattes arrière tandis que Pilou m'entraîne en me tenant les pattes de devant. Je n'ai jamais marché comme ça. C'est un peu inconfortable mais tellement amusant.

— "Bravo", crie Vassilis avec un drôle d'accent.

J'entends *brrravo.* C'est très joli à l'oreille. Elisabeth et Monsieur Paulet applaudissent, suivis de tous les danseurs.

Je suis légèrement essoufflé. Mon coeur bat de bonheur. Pilou me raccompagne vers le canapé.

ATHEN

Il est déjà très tard. Les policiers ont dû repartir quand le talkie-walkie s'est mis à hurler :

— "Eh ! les gars, vous prenez du bon temps ou quoi ? N'oubliez pas que vous n'êtes pas en vacances !"

Chapitre 9

PAS DE TEMPS A PERDRE

Quand je me réveille, le lendemain matin dans la loge, je trouve mon assiette remplie d'une des pâtées que je préfère. Hier, j'ai dû m'endormir dans l'appartement de Mademoiselle Dupuis car je ne sais pas qui m'a ramené dans mon panier.

Je reconnais à peine Elisabeth. Elle a laissé ses cheveux libres et son visage resplendit de bonheur.

Elle se penche vers moi :

— "Tu sais, Pilou m'a tout avoué ! Comme tu as bien fait d'ouvrir à Vassilis ! Et moi qui croyais.. Que j'étais stupide !"

Je n'ose pas dire oui de la tête tout de même ! Mais je suis vraiment heureux !

Elisabeth se penche encore un peu plus vers moi :

— "Ecoute, Chiffounet, j'ai un grand secret à te dire."

Je sais bien de quoi il s'agit mais je fais semblant d'être étonné.

— "Monsieur Paulet et moi, nous allons nous marier."

Bien sûr, je l'espérais depuis longtemps. Mais ce que je ne pouvais pas deviner, alors là pas du tout :

— "Vassilis et Mademoiselle Dupuis, qui va s'appeler maintenant

Madame Papaspirou, nous ont invités en Grèce.

Nous partirons, toi, Henri et moi en avion pour Athènes. Puis du port du Pirée, nous prendrons un grand bateau qui nous conduira sur l'île de Naxos.

Ne t'inquiète pas, je te donnerai des cachets pour que tu n'aies pas mal au coeur."

Les cachets, je n'aime pas trop ça. Elisabeth m'en a déjà donné quand j'ai été malade. Elle les avait cachés dans ma pâtée ; ce jour-là, j'avais été étonné de sentir un goût amer dans ma bouche.

Mais je suis prêt à tout, moi dont le plus grand rêve est de voyager et sur un bateau en plus !

Dire que tout ça, c'est un peu grâce à moi. Je pense aux moustaches de Vassilis. Bientôt, je les verrai encore danser au son du bouzouki.

En attendant, il n'y a pas de temps à perdre. Je vais faire un petit tour. Malou doit m'attendre près du square. J'ai tellement de choses à lui raconter, à lui demander :

Est-ce qu'il y aura de l'eau à boire dans l'avion ?

Est-ce qu'on sent qu'on vole très vite ?

Est-ce qu'il sait comment cela se passe sur un bateau ?

Est-ce que… ?

SOMMAIRE

Achevé d'imprimer en novembre 1996
sur les presses des Imprimeries Fournié
à Balma - Fonsegrives

Dépôt Légal n° 2903
Imprimé en France

Niveau 1

Bêtes à rire
S. Boëche, R. Delpeuch et Ch. Louis

Histoires de Dragons
Régis Delpeuch

Histoires de Sorcières
Marcel Pineau

Chiffon
ou Les peurs d'un petit chien
Vonny Dufossé

Niveau 2

Le Mystère de la Rose Bleue
Pierre Debor

Samani l'Indien solitaire
Michel Piquemal

Meurtre au Palais Royal
Marcel Pineau

Le Nombre d'Or
ou Le Secret des Volutes
Marcel Pineau

Rififi au Collège
Régis Delpeuch

Plume de bison
et les foies jaunes
Philippe Leroyer

Les Jouets du Clown Modur
Pierre Rouanne

L'Île aux Consignes
Pierre Rouanne

Danse avec la Mer
Yves Heurté

Rififi à Sarlat
Régis Delpeuch (à paraître)

Niveau 3

Petite Anthologie
du Policier
Sylvie Allemand

Petite Anthologie
du Fantastique
Michel Piquemal & Joëlle Wintrebert

Petite Anthologie
de la Mythologie
Michel Piquemal & Dominique Garcia

À moi le monde
Jean-Pierre Lesgourgues

Tous les livres de cette collection sont disponibles chez l'Éditeur en vous adressant à :
SEDRAP - BP 1365 - 31106 TOULOUSE Cedex